윤동주

별 헤는 밤

피치마켓 스물아홉 번째 이야기
별 헤는 밤

초판 1쇄 발행   2021년 8월 30일
초판 2쇄 발행   2023년 10월 1일

원   작   윤동주
번안·각색   피치마켓
그   림   김민지
감   수   천수호, 피치마켓 프렌즈
디 자 인   피치마켓

발 행 인   함의영

주   소   서울시 강남구 테헤란로33길 18, 6층
전   화   02) 3789-0419
이 메 일   peachmarket@peachmarket.kr
홈 페 이 지   www.peachmarket.kr

I S B N   979-11-89712-64-8

본 도서는 느린학습자를 위한 맞춤형 기능성 폰트인 피치마켓체로 제작되었습니다.

ⓒ 2023 피치마켓
본 도서의 내용 및 디자인의 저작권은 피치마켓에 있습니다.
이 책은 저작권법에 따라 보호받는 저작물이므로, 무단 전재와 무단 복제를 금합니다.

피치마켓은 쉬운 글 콘텐츠 브랜드입니다.

나오는 사람들

나(윤동주)

친구1

친구2

친구3

내 이름은 윤동주다.

나는 시를 좋아한다.

나는 매일 시를 읽고 쓴다.

나는 친구들과 함께 시를 쓰기도 한다.
우리는 책도 만든다. 책에는 우리가 쓴 시가 있다.

나는 매일 친구들과 시를 쓰고 싶다.
그런데 친구들과 계속 시를 쓸 수 없었다.

친구가 나에게 말했다.

"동주야, 나는 군인 학교에 갈 거야.
군인이 되어서 일본 군인들과 싸울 거야.
일본이 우리나라를 강제로 빼앗았잖아.
우리나라를 다시 찾으려면
일본 군인들과 싸워야 해."

나는 친구가 멋지다고 생각했다.

다칠 수도 있는데 나라를 찾으려고 군인이 된다니.

나도 군인이 될 수 있을까?

나는 친구에게 말했다.

"나도 군인 학교에 갈래."

"아니야, 동주야.
너는 시를 좋아하잖아.
우리나라 말로 좋은 시를 써줘.
사람들이 우리나라 말을
오래 기억할 수 있게 말이야."

나는 좋은 시를 쓰기로 친구와 약속했다.

그런데 좋은 시를 쓰려면 어떻게 해야 할까?

나는 시를 쓰는 방법을 배우고 싶었다.

서울에 연희전문학교가 있다.

연희전문학교에 가면 시 쓰는 방법을 배울 수 있다.

나는 연희전문학교에 가려고 열심히 공부했다.

시간이 지나고 나는 연희전문학교에 합격했다.

가족들과 친구들이 나를 축하해 주었다.

"연희전문학교에 합격하다니 대단하구나."

나는 너무 기뻤다.

연희전문학교 합격

이건
권진성
김영수
박주언
강지훈

윤동주

나는 서울에 가야 했다.

가족들은 나를 기차역에 데려다주었다.

어머니께서 나에게 말씀하셨다.

"동주야, 서울에서 건강하게 지내.
공부도 열심히 해야 해.
무슨 일이 있으면 너에게 편지를 보낼게."

서울에서 나는 혼자 산다.

작은 방에서 나는

열심히 공부하고 시를 쓴다.

가끔 어머니가 보고 싶었다.

어릴 때 친구들도 생각났다.

친구는 군인이 되어서

일본 군인들과 싸우고 있을까?

친구는 나라를 찾으려고

열심히 싸우고 있을 텐데….

나만 혼자 편하게 지내는 것 같아

친구에게 미안하다.

나는 좋은 시를 쓰겠다는 약속을
지켜야 한다.
나는 학교에서 열심히
시 쓰는 방법을 배웠다.
시를 좋아하는
친구들도 만났다.

수업이 끝나면 나와 친구들은 잔디밭에 간다.

우리는 잔디밭에 앉아서 책을 읽는다.

함께 시를 읽으며 이야기한다.

오늘은 친구 한 명이 시를 소리 내어 읽었다.

나는 시를 들으면서 생각했다.

'나는 언제 좋은 시를

쓸 수 있을까?'

친구들이 나에게 물었다.

"동주야, 너는 어떤 시인을 가장 좋아해?"

"나는 정지용 시인이 좋아.
정지용 시인처럼 좋은 시를 쓰고 싶어."

친구는 나에게 말했다.

"정지용 시인은 일본에 가서 공부했지?"

"응. 나도 일본에 가서 시를 배우고 싶어."

"동주야, 너는 잘할 거야!"

친구들이 나를 응원했다. 나는 기뻤다.
그런데 며칠이 지나고 우리에게 슬픈 일이 생겼다.

아침에 나는 학교에 도착했다.

친구들이 모여서 이야기를 하고 있었다.

친구들은 기분이 나빠 보였다.

나는 친구들에게 물어보았다.

"무슨 일 있어?"

친구가 나에게 말했다.

"이제 학교에서 우리나라 말을 쓸 수 없대.

일본 말만 써야 해.

일본 사람들이 명령했어."

"뭐라고?"

"이름도 일본 이름으로 바꿔야 한대.

이제 한국 이름도 쓸 수 없어.

정말 말도 안 되는 일이야."

나는 화가 났다.

"우리는 한국 사람인데 왜 일본 이름을 써야 해?
나는 절대로 이름을 바꾸지 않을 거야."

친구는 나에게 말했다.

"그런데 동주야,
이름을 바꾸지 않으면 일본에 갈 수 없대.
너는 일본에 가서 공부하고 싶어 했잖아."

나는 친구의 말을 듣고 깜짝 놀랐다.
나는 친구에게 말했다.

"그게 정말이야?"

"응. 일본에 가려면 가족들도 모두 이름을
바꿔야 해."

집에 돌아가는 길에 나는 생각했다.

'일본에서 공부하려면 이름을 바꿔야 한다고?
어떻게 해야 하지.'

나는 일본 이름을 쓰고 싶지 않다.

하지만 시를 배우려면 일본에서 공부를 해야 한다.

일본 이름으로 바꾸고 시를 배워도 될까?

아니면 이름을 바꾸지 않고 시를 포기해야 할까?

나는 오랫동안

이름을 바꾸어야 할지 고민했다.

며칠이 지나고 나에게 편지가 왔다.

아버지께서 보내신 편지였다.

아버지께서 왜 편지를 보내셨을까?

무슨 일이 있는 걸까?

나는 편지를 읽었다.

'동주야. 너는 일본에서 시를 배우고 싶다고 했지.

네가 일본에 가서 공부하고 싶다면

가족들도 이름을 바꿀게.'

동주야. 너는 일본에서 시를 배우고
싶다고 했지. 네가 일본에 가서
공부하고 싶다면 가족들도
이름을 바꿀게

편지를 읽고 나는 슬펐다.

'나 때문에 가족들이 이름을 바꾸겠다니….'

내가 일본에 가지 않으면

가족들은 이름을 바꾸지 않아도 된다.

하지만 나는 일본에 가서 시를 배우고 싶다.

나는 가족들에게 미안했다.

가족들의 이름을 바꾸면서까지

시를 배우고 싶다니….

내가 욕심을 부리는 걸까?

내가 너무 부끄럽고 싫다.

나는 고개를 들어 창밖을 보았다.

창밖에는 별이 반짝이고 있었다.

별을 보니까 많은 이름들이 생각났다.

가족들의 이름과 시인들의 이름….

나는 아름다운 이름들을 하나씩 불러 보고 싶었다.

나는 시를 써야겠다고 생각했다.

나는 공책을 펴고 시를 썼다.

계절이 지나가는 하늘에는
가을로 가득 차 있습니다.

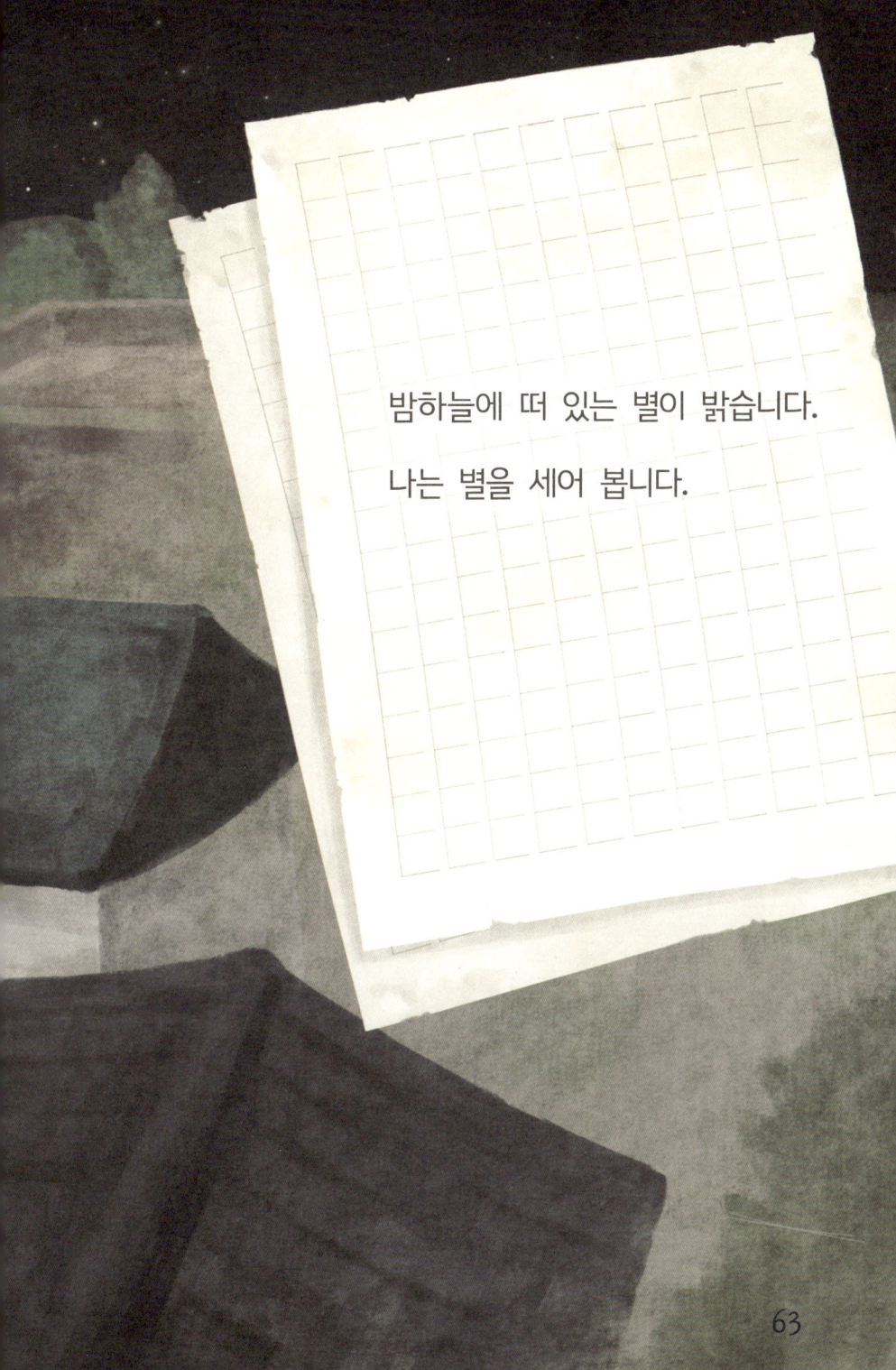

밤하늘에 떠 있는 별이 밝습니다.

나는 별을 세어 봅니다.

가슴 속에 하나 둘 새겨지는 별을
이제 다 못 헤는 것은
쉬이 아침이 오는 까닭이요
내일 밤이 남은 까닭이요
아직 나의 청춘이 다 하지 않은 까닭입니다.

내 마음에도 별이 하나둘 생깁니다.

하지만 별을 모두 셀 수는 없습니다.

아침이 오면 별이 사라집니다.

별은 내일 밤에 다시 나타납니다.

별이 내일 다시 나타나는 것처럼

나에게도 내일이 있습니다.

별 하나에 추억과
별 하나에 사랑과
별 하나에 쓸쓸함과
별 하나에 동경과
별 하나에 시와
별 하나에 어머니, 어머니,

어머님, 나는 별 하나에
아름다운 말 한마디씩 불러 봅니다.

나는 별을 보며 아름다운 말을 불러 봅니다.

별 하나에 추억과

별 하나에 사랑과

별 하나에 외로움과

별 하나에 그리움과

별 하나에 시와

별 하나에 어머니, 어머니.

소학교 때 책상을 같이 했던 아이들의 이름과
패, 경, 옥 이런 이국 소녀들의 이름과,
벌써 아기 어머니된 계집애들의 이름과,
가난한 이웃 사람들의 이름과,
비둘기, 강아지, 토끼, 노새, 노루,
'프랑시스 잠', '라이너 마리아 릴케' 이런 시인의 이름을 불러 봅니다.

이네들은 너무나 멀리 있습니다.
별이 아스라이 멀 듯이.

어머님,
그리고 당신은 멀리 북간도에 계십니다.

어릴 때 함께 놀았던 친구들의 이름,

이웃 사람들의 이름,

비둘기, 강아지, 토끼, 노새, 노루,

그리고 시인들의 이름을 불러 봅니다.

별이 아주 멀리 있는 것처럼,

그리운 사람들은 너무 멀리 있습니다.

그리고 어머니도 멀리 고향에 계십니다.

별빛이 언덕을 비추고 있습니다.

나는 언덕 위에 내 이름을 써봅니다.

그리고 흙으로 덮어 버렸습니다.

딴은 밤을 새워 우는 벌레는
부끄러운 이름을 슬퍼하는 까닭입니다.

내 이름이 부끄러웠기 때문입니다.

나는 시를 다 쓰고 공책을 덮었다.
그때, 친구가 나를 찾아왔다.

나는 친구에게 시를 보여 주었다.
친구는 시를 읽고 말했다.

"정말 좋은 시야.
그런데 시를 읽으니까 슬프다."

"요즘 우리나라 사람들에게
슬픈 일이 많잖아.
우리나라 말도 쓸 수 없고
이름도 바꿔야 해."

친구는 가만히 생각했다. 그리고 나에게 말했다.

"그런데 슬픈 시간이 지나면
좋은 날도 오지 않을까?"

친구는 집에 돌아갔다.

나는 친구가 했던 말이 계속 생각났다.

친구가 말한 것처럼

우리나라 사람들에게도 좋은 날이 올까?

나는 생각했다.

'그래. 지금은 슬프더라도 좋은 날이 올 거야.

나는 믿어.'

빼앗긴 우리나라를 찾는 날이 올 거라고
나는 믿는다.
그때는 내 이름도 다시 쓸 수 있겠지.
많은 사람들이 우리나라 말로 시도 쓸 거다.
그날이 오기를 나는 계속 기다릴 거다.

나는 공책을 다시 폈다.

그리고 연필을 들었다.

나는 시에 마지막 줄을 더 적었다.

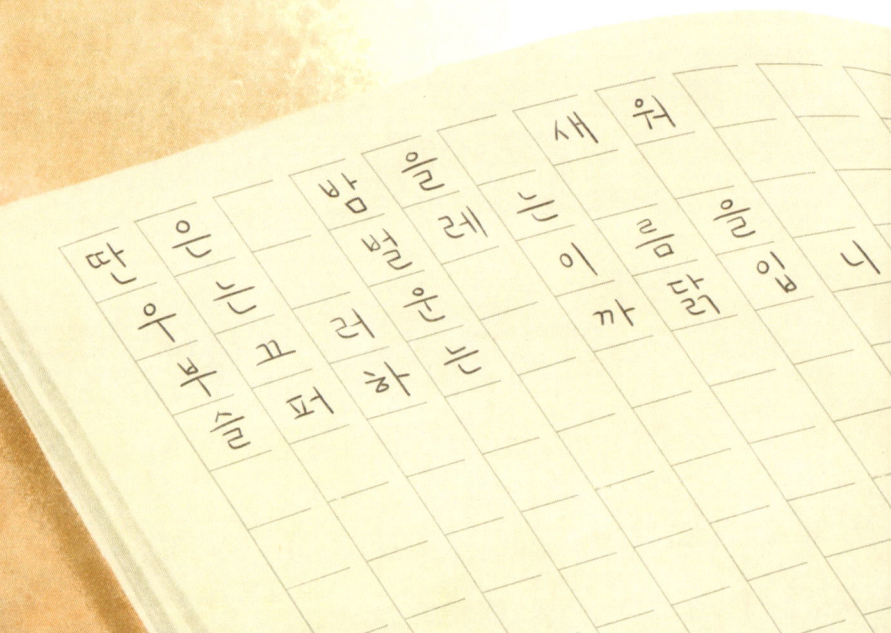

그러나 겨울이 지나고 나의 별에도 봄이 오면
무덤 위에 파란 잔디가 피어나듯이
내 이름자 묻힌 언덕 우에도
자랑처럼 풀이 무성할거외다.

「별 헤는 밤」

하지만 겨울이 지나고 봄이 오면
푸른 잔디가 자랍니다.
내 이름을 적은 언덕에도
풀이 자랄 것입니다.

「별 헤는 밤」

별 헤는 밤

　　　　　　　　　　윤동주

계절이 지나가는 하늘에는
가을로 가득 차 있습니다.

나는 아무 걱정도 없이
가을 속의 별들을 다 헬 듯합니다.

가슴 속에 하나 둘 새겨지는 별을
이제 다 못 헤는 것은
쉬이 아침이 오는 까닭이요
내일 밤이 남은 까닭이요
아직 나의 청춘이 다 하지 않은 까닭입니다.

별 하나에 추억과
별 하나에 사랑과
별 하나에 쓸쓸함과
별 하나에 동경과
별 하나에 시와
별 하나에 어머니, 어머니,

어머님, 나는 별 하나에
아름다운 말 한마디씩 불러 봅니다.

소학교 때 책상을 같이 했던 아이들의 이름과
패, 경, 옥, 이런 이국 소녀들의 이름과,
벌써 아기 어머니된 계집애들의 이름과,
가난한 이웃 사람들의 이름과,
비둘기, 강아지, 토끼, 노새, 노루,
'프랑시스 잠', '라이너 마리아 릴케' 이런 시인의 이름을 불러 봅니다.

이네들은 너무나 멀리 있습니다.
별이 아스라이 멀 듯이.

어머님,
그리고 당신은 멀리 북간도에 계십니다.

나는 무엇인지 그리워
이 많은 별빛이 내린 언덕 위에
내 이름자를 써 보고
흙으로 덮어 버리었습니다.

딴은 밤을 새워 우는 벌레는
부끄러운 이름을 슬퍼하는 까닭입니다.

그러나 겨울이 지나고 나의 별에도 봄이 오면
무덤 위에 파란 잔디가 피어나듯이
내 이름자 묻힌 언덕 우에도
자랑처럼 풀이 무성할거외다.

별 헤는 밤을 펴내며

느린학습자를 위한 쉬운 글과 시는 다소 동떨어져 있습니다. 쉬운 글은 직접적인 어휘, 그리고 맥락을 드러내는 데 충실한 문장들로 구성되어 있습니다. 반면 시는 보다 함축적인 어휘, 행간의 여백으로 이루어져 있습니다.

하지만 피치마켓은 상상했습니다. 시의 여백을 이야기와 그림으로 메운다면 시와 쉬운 글의 간극을 좁힐 수 있지 않을까. 나아가 느린학습자도 시를 읽고 감상을 나눌 수 있지 않을까. 피치마켓은 이러한 생각에서 출발하여, 시 작품을 그림문학도서로 제작하게 되었습니다. 김소월 시인의 「진달래꽃」에 이어, 이야기와 그림으로 전하는 두 번째 시는 윤동주 시인의 「별 헤는 밤」입니다.

윤동주 시인은 시쓰기에 자신의 삶을 녹여내고자 했습니다. 시인의 시에서 나타나는 시적 화자는 시인 자신과 일치합니다. 따라서 「별 헤는 밤」을 그림문학도서로 만들기 위해 시인의 삶을 주의 깊게 들여다보아야 했습니다. 시를 쓴 당시 시인에게 어떤 갈등과 고민이 있었는지 살펴보아야 했습니다. 그 과정에서 무엇보다 중요하게 생각했던 것은 「별 헤는 밤」에서 나타나는 시인의 감정이었습니다.

「별 헤는 밤」의 핵심을 이루는 감정은 부끄러움입니다. 이때의 부끄러움은 윤동주 시인이 처한 현실에 기인합니다. 당시 우리나라 사람들에게는 창씨개명이라는 일제의 간악한 정책이 강요되었습니다. 이름을 일본식 성씨로 바꾸어야 번듯한 직장에 다닐 수 있었고, 사회적 경계 안쪽에서 삶을 영위할 수 있었습니다. 당대 지식인들과 같이 유학길에 오를 때도 마찬가지였습니다. 윤동주 시인은 어릴 적부터 자리 잡은 민족적 저항 의식과 그에 반하게 되는 선택 사이에서 많은 갈등과 고민이 있었을 것입니다. 그리고 그와 같은 갈등과 고민을 거쳐 부끄러움을 응시했을 것입니다.

  피치마켓은 시인이 어떻게 해서 부끄러움을 느끼게 되었는지를 전하고자 했습니다. 독자들이 시를 쓰는 시인의 마음을 안다면, 시에 나타난 감정을 포착할 수 있을 거라 기대했습니다. 『그림으로 보는 별 헤는 밤』을 통해 시에 나타난 감정에 공감하고, 아울러 시대적 아픔 속에서 고뇌하던 청년, 그럼에도 불구하고 희망을 품었던 시인 윤동주를 다시금 생각해보는 계기가 되었으면 좋겠습니다.

별 헤는 밤 감수를 하며

윤동주의 '별 헤는 밤'을 풀어쓴 동화

별 하나하나에 붙인 이름들

천수호

윤동주의 「별 헤는 밤」은 1948년 정음사에서 펴낸 시집 『하늘과 바람과 별과 시』에 실려있습니다. 시인은 이 시를 연희전문학교(지금의 연세대학교)에 다닐 때인 1941년 11월 5일에 썼습니다. 마치 어머니께 이야기하듯 써내려 간 참 아름다운 시입니다. 이때는 시인이 졸업을 앞두고 있어서 진학에 대한 고민도 많고 나라에 대한 걱정도 많을 때였습니다.

윤동주가 살던 그때는 일본이 우리나라를 강제로 다스리고 있었습니다. 더구나 일본은 창씨개명령이란 걸 내려 한글 이름을 일본식 이름으로 바꾸도록 했습니다. 우리 민족을 무척이나 사랑하던 윤동주에게는 너무도 괴로운 일이었지요. 그래서 가을 하늘의 아름다운 별들을 보면서 이 시를 썼던 것입니다. 어린 시절을 생각하고 그때의 친구들과 이웃들 그리고 좋아하는 시인들까지 생각합니다. 무엇보다도 어머니에 대한 그리움은 이루 말할 수 없었겠지요. 또한 나라를 위해 아무것도 할 수 없는 자신을 반성하며 부끄러움도 느낍니다. 그러나 언젠가 우리말로 아름다운 시를 쓸 수 있는 좋은 날이 올 거라는 희망을 품기도 합니다.

윤동주의 고향은 북간도입니다. 북간도는 우리나라 최고 북쪽인 두만강과 마주한 지역입니다. 이곳으로 우리 민족이 옮겨가기 시작한 것은 1880년대 이후의 일이었습니다. 윤동주의 증조할아버지인 윤재옥 씨가 1886년에 이곳으로 이민을 가서 1917년에 윤동주가 태어납니다. 윤동주는 3남 1녀 중 장남입니다. 윤동주의 할아버지는 부유한 농부로서 기독교 장로였고, 그의 아버지는 명동학교 선생님이었습니다. 윤동주의 삶에 늘 함께하던 고종사촌인 송몽규는 윤동주보다 석 달 앞에 태어났습니다. 이 두 사람은 어릴 때부터 시를 좋아했습니다.

윤동주와 송몽규는 명동소학교도 함께 다녔고 또 은진중학교도 같이 다니다가 잠시 다른 학교로 각자 편입하기도 합니다. 그러다가 22세 때 서울 연희전문학교에 나란히 진학하게 됩니다. 윤동주는 연희전문학교 시절 동안 시를 가장 많이 썼고 작품들도 빼어났습니다. 이 학교가 윤동주의 재능을 발휘할 수 있는 좋은 환경이 되어주었지요. 특히 윤동주가 연희전문학교 4학년 마지막 학기에 쓴 시는 시인의 대표작품이라고 할 만한 대단한 시들이었습니다. 「또 다른 고향」, 「별 헤는 밤」, 「서시」, 「간」 등이 이때 쓴 시들입니다.

윤동주가 「별 헤는 밤」을 쓴 것은 북아현동 하숙집에서 살 때입니다. 시인의 고향이 북간도였으니 고향에서 멀리 떨어져서 공부를 하고 있었던 거지요. 윤동주는 친하게 지내던 후배 정병욱과 함께 헌책방이나 서점들을 다니기도 하고 음악다방에 앉아 시집을 읽기도 했습니다. 그런데 늘 가슴 한쪽이 아프고 슬픈 것은 우리나라가 일본에게 나라를 빼앗겼다는 사실 때문이겠지요. 더구나 우리말을 버리고 일본말을 써야 했으니까요.

윤동주는 졸업 후 진로에 대해서도 고민이 많았는데 고종사촌인 송몽규와 함께 일본 대학교로 유학을 가기로 결정했습니다. 그런데 일본으로 가려면 먼저 이름부터 일본식으로 바꿔야 했습니다. 일본행 배를 타는 서류를 작성하려면 일본 이름을 써야 했기 때문입니다. 윤동주는 이런 고민을 할 수밖에 없는 부끄러운 삶을 반성하는 「참회록」이라는 시를 썼습니다. 그리고 이 시를 쓴 후 5일 만에 일본식 이름으로 바꾸게 됩니다. 어쩔 수 없는 일이었지요. 그래도 윤동주는 자신의 젊음을 믿었습니다. 나라를 찾고 우리말도 되찾는 밝은 시대가 올 것이라는 희망을 잃지 않았습니다.

마침내 윤동주는 송몽규와 함께 일본으로 유학을 떠납니다. 이렇게 어렵게 떠난 일본 유학길이지만 유학 생활은 길지 않았습니다. 겨우 1년을 넘긴 후쯤 독립운동을 했다는 이유로 송몽규와 함께 일본 경찰에 붙잡혀 가게 됩니다. 그리고 우리가 나라를 되찾는 날을 6개월 앞두고 그만 감옥에서 세상을 떠나고 맙니다. 윤동주는 감옥에서 모진 고문을 당하기도 하고 생체실험용 주사를 맞기도 했지요. 윤동주가 떠난 6개월 후인 1945년 8월 15일에 우리나라는 시인이 꿈에도 그리던 광복을 맞이합니다.

　이렇듯 윤동주의 삶을 돌아보면 그 당시 시인의 마음이 잘 녹아있는「별 헤는 밤」은 무척 소중한 작품입니다. 그래서 그의 삶 속에서 이 시가 어떻게 탄생했는지를 함께 느끼기 위해 이 시를 쉽게 풀어서 한 편의 동화로 소개합니다. 이런 시를 쓸 수밖에 없었던 그 삶을 실감 나게 보여주기 위해 윤동주의 전기를 꼼꼼히 짚었습니다. 그림 한 장 한 장에도 시인의 삶의 기록들을 참고하였습니다. 이것이 시인의 간절한 마음을 잘 읽어내는 길이기 때문입니다. 아름다운 우리말로 시를 쓰는 것이 당연해진 지금, 윤동주 시인은 하늘나라에서 우리의 이 모습을 흐뭇하게 내려다보고 계시겠지요.

PEACH
MARKET: